BEI GRIN MACHT SICH IHR WISSEN BEZAHLT

- Wir veröffentlichen Ihre Hausarbeit, Bachelor- und Masterarbeit

- Ihr eigenes eBook und Buch - weltweit in allen wichtigen Shops

- Verdienen Sie an jedem Verkauf

Jetzt bei www.GRIN.com hochladen und kostenlos publizieren

Selektiver Mutismus bei Kindern. Fallanalyse und Interventionsstrategien am Beispiel Nicole

Bibliografische Information der Deutschen Nationalbibliothek:

Die Deutsche Nationalbibliothek verzeichnet diese Publikation in der Deutschen Nationalbibliografie; detaillierte bibliografische Daten sind im Internet über http://dnb.d-nb.de abrufbar.

ISBN: 9783389090794
Dieses Buch ist auch als E-Book erhältlich.

© GRIN Publishing GmbH
Trappentreustraße 1
80339 München

Alle Rechte vorbehalten

Druck und Bindung: Books on Demand GmbH, Norderstedt Germany
Gedruckt auf säurefreiem Papier aus verantwortungsvollen Quellen

Das vorliegende Werk wurde sorgfältig erarbeitet. Dennoch übernehmen Autoren und Verlag für die Richtigkeit von Angaben, Hinweisen, Links und Ratschlägen sowie eventuelle Druckfehler keine Haftung.

Das Buch bei GRIN: https://www.grin.com/document/1519344

Freie Universität Berlin

Fachbereich Erziehungswissenschaft und Psychologie

Schriftliche Hausarbeit (Modulprüfung)

im Studiengang

„Grundschulpädagogik mit Vertiefungsfach Sonderpädagogik"

im Modul

„Interventionen bei Besonderheiten in der emotionalen und sozialen Entwicklung"

Thema:

Interventionsplanung zum Fall Nicole

Inhaltsverzeichnis

1. Fallbeschreibung..1

   1.1 Kind-Umfeld-Analyse...1

      1.1.1. Schutzfaktoren...2

      1.1.2 Risikofaktoren... 2

2. Analyse und Einschätzung...3

   2.1 Response to Intervention (RTI)...4

   2.2 Vier-Ebenen-Modell...5

   2.3 Ist-Zustand..6

   2.4 Soll-Zustand..6

3. Diskussion der Präventions- und Interventionsmaßnahmen....................7

   3.1 Kooperation innerhalb der Schule..8

   3.2 Mögliche Kooperation mit außerschulischen Fachkräften....................8

   3.3 Elternzusammenarbeit...9

4. Möglichkeiten der Wirksamkeitsüberprüfung..10

5. Kritische Reflexion..10

6. Literaturverzeichnis...12

1. Fallbeschreibung

„Sprichwörtlich ist Reden Silber und Schweigen ist Gold. Ein permanentes Schweigen von Kindern in diversen Situationen und gegenüber sehr vielen Mitmenschen wird von letzteren jedoch nicht als tugendhaft, sondern als sozial abweichend empfunden" (Bahr, 2006, S. 11).

In der vorliegenden Falldarstellung geht es um die Erstklässlerin Nicole, die von ihrer Klassenlehrerin nach den ersten vier Schulmonaten als introvertiert, schüchtern und zunehmend stiller werdend beschrieben wird. Waren mit ihr zu Beginn des Schuljahres Gespräche durchaus noch möglich und konnte Nicole auf Fragen antworten, scheint sie nunmehr in bestimmten Situationen oder bestimmten Personen gegenüber zu verstummen. Die Kunstlehrerin beschreibt die Situation ähnlich und beobachtet Angstreaktionen, sobald Nicole direkt angesprochen wird: die Schülerin reisst häufig die Augen auf, wird blass und scheint zu erstarren. Nicole wirkt überfordert. Der Sportlehrer sieht in dem Verhalten der Schülerin eine Trotzreaktion, die er durch sportliche Zusatzaufgaben („Extrarunde") diszipliniert. Nicole hat in der Klasse bislang auch keine Freundschaften schließen können.

Die im Schulalltag wahrgenommene nahezu völlige Verstummung kann im vertrauten häuslichen Umfeld laut Aussage der Mutter nicht beobachtet werden. Im Gegenteil: Nicole habe aufgebracht von der von ihr als ungerecht empfundenen sportlichen Strafmaßnahme berichtet. Grundsätzlich bildeten schulische Belange allerdings keinen Themenschwerpunkt ihrer Gespräche. Aus einem freiwillig aufgenommenen Gesprächsmitschnitt ergeben sich keine Auffälligkeiten hinsichtlich Sprechweise und Wortwahl. Nicole schien in diesem Mitschnitt „aufgeblüht".

Die Mutter berichtet im Gespräch mit dem Schulsozialarbeiter, dass Nicole seit etwa einem halben Jahr nachts gelegentlich wieder einnässe. Sie habe dagegen bisher keine Schritte unternommen. Dasselbe Phänomen hatte sich seinerzeit nach dem Kita-Eintritt nach ein paar Wochen von selbst gegeben. Nicole wünsche sich laut der Mutter schon seit langem einen Hund. Die Mutter habe allerdings wegen einer generalisierten Angststörung große Angst etwa auch vor Hunden.

1.1 Kind-Umfeld-Analyse

Bevor die möglichen Ursachen des beobachteten Verhaltens der Schülerin eruiert und evaluiert sowie darauf aufbauend mögliche Hilfsansätze erörtert werden können, empfiehlt sich eine Betrachtung der fallspezifischen Schutz- und Risikofaktoren im Rahmen einer Kind-Umfeld-Analyse. Die Ergebnisse dieser Analyse bilden letztlich die Determinanten einer möglichen sonderpädagogischen Intervention. Unterschieden werden hierbei unter dem

Oberbegriff „Schutzfaktoren" positive Verhaltensmerkmale und Rahmenbedingungen, die eine Intervention begünstigen und sogenannte „Risikofaktoren", die eine Intervention eher beeinträchtigen können.

1.1.1. Schutzfaktoren

Schutzfaktoren beschreiben Merkmale oder Resistenzen einer Person oder ihres Umfelds, die geeignet sind, die Ausbildung psychischer Störungen zu vermeiden oder abzumildern (Petermann & Schmidt, 2006).

Im Fallbeispiel Nicole könnte die mütterliche Unterstützung ein solcher Schutzfaktor sein. Nicoles Mutter zeigt eine unterstützende und liebevolle Bindung zu ihrer Tochter. Nicole sucht regelmäßig das Gespräch mit ihrer Mutter, um über ihre Interessen, Herausforderungen und Wünsche zu sprechen. Auch die klare Bereitschaft aller Beteiligten zur Zusammenarbeit wirkt als Schutzfaktor. Schulsozialarbeiter, Lehrkräfte und Nicoles Mutter wollen gemeinsam die Ursachen für das Verhalten des Kindes verstehen. Ebenso zeigt Nicoles Mutter durch ihre Offenheit im Gespräch und das Teilen sensibler Informationen, wie das Bettnässen ihrer Tochter, Kooperationsbereitschaft. Diese Haltung könnte dazu beitragen, gemeinsam Lösungen zu entwickeln und Unterstützungsmöglichkeiten anzubieten. Aus der erfolgreichen Therapie ihrer Generalisierten Angststörung könnte die Mutter über Ressourcen und Kenntnisse verfügen, um ihrer Tochter bei ähnlichen Problemen zu helfen. Die Inanspruchnahme einer Therapie zeigt überdies ihre Bereitschaft, sich externer Hilfe zu versichern. Sie scheint in der Lage zu sein, Hilfsangebote zielfördernd zu nutzen. Nicoles familiäres Umfeld könnte insofern als Schutzfaktor betrachtet werden. Ihr Interesse an Hunden könnte ebenfalls als Schutzfaktor wirken. Ein Haustier könnte emotional unterstützend wirken, indem es Trost spendet und eine positive Bindungserfahrung ermöglicht. Ein tiertherapeutischer Ansatz könnte eine bereichernde Ergänzung zu sonderpädagogischen Interventionen sein und Nicoles Entwicklung positiv begleiten.

1.1.2 Risikofaktoren

„Risikofaktoren sind Faktoren, die die Wahrscheinlichkeit des Auftretens von psychischen Störungen erhöhen" (Petermann & Schmidt, 2006, S. 119). Nicoles seit Schulbeginn gezeigte ausgeprägte Inversion und Schüchternheit könnten Risikofaktoren sein, da sie die Fähigkeit, soziale Bindungen zu knüpfen und sich in der Schulumgebung wohl zu fühlen, beeinträchtigen können. Ihr mangelndes Kommunikationsvermögen in der Schule könnte das Schliessen von Freundschaften erschweren, wodurch sie sich zunehmend isoliert fühlen könnte. Negative Unterrichtserfahrungen wirken ebenso als Risikofaktor. Nicole scheint in Unterrichtsfächern wie Musik und Sport aufgrund ihrer stillen Natur und mangelnden

Interaktion negativ aufzufallen. Dies könnte ihr Selbstbewusstsein beeinträchtigen und ihr das Gefühl geben, in der Klasse nicht akzeptiert zu werden. Die disziplinarischen Massnahmen des Sportlehrers lösen bei Nicole Frustration und ein negatives Schulgefühl aus. Dieser Risikofaktor könnte dazu führen, dass sich Nicole weiter zurückzieht und unverstanden fühlt. Die Generalisierte Angststörung der Mutter könnte sich ebenfalls risikoförderlich auswirken. Sie erhöht die Wahrscheinlichkeit, dass auch Nicole eine psychische Erkrankung entwickelt, um das Siebenfache (Schmidt-Traub, 2001).

2. Analyse und Einschätzung

In der vorangestellten Falldarstellung wird die Erstklässlerin Nicole als introvertiert, sozial wenig integriert und vor allem situativ schweigsam beschrieben. Dies könnten deutliche Hinweise auf das Vorliegen einer Form des Mutismus sein.

Das Wort „Mutismus" stammt von „mutus" (lat.) und bedeutet Schweigen (Katz-Bernstein, 2005). Mutismus wird auch als psychogenes Schweigen bezeichnet und beschreibt eine Kommunikationsstörung, die nicht durch organische Krankheitsbilder hervorgerufen wird. Mutismus tritt in unterschiedlichen Erscheinungsformen auf: dem (s)elektiven Mutismus, dem totalen Mutismus sowie dem kinetischen Mutismus. Häufiger Begleitumstand des Mutismus ist eine Sozialphopie.

Da Nicole in außerschulischen Situationen etwa im Gespräch mit ihrer Mutter zu verbaler Kommunikation fähig ist, kann ein Vorliegen des totalen Mutismus ausgeschlossen werden. Auch zeigt Nicole keine der kinetischen Mutismus definierenden Symptome wie etwa eine manifeste Antriebslosigkeit. Ihr Bewegungsbild ist nach Beschreibung des Sportlehrers unauffällig.

In Frage kommt somit eine Form des (s)elektiven Mutismus, dessen Hauptmerkmale nach den beiden gängigen Klassifikations- und Beschreibungssystemen für psychische Störungen ICD-10 (Dilling, Mombour & Schmidt, 1993) und DSM-IV (Saß, Wittchen & Zaudig, 1996) ein situatives Schweigen in Situationen, in denen Sprechen erwartet wird bei weiterhin vorhandener Sprechfähigkeit in anderen Situationen sind. So spricht etwa ein Kind beispielsweise im Kindergarten oder in der Schule nicht, während es im häuslichen und/oder familiären Umfeld in der Lage ist, verbal zu kommunizieren. Laut Isensee, Haselbacher und Ruoß (1997) sind die Situationen, in denen gesprochen beziehungsweise nicht gesprochen werden, vorhersagbar. Die Ursachen für das selektive Sprechen beziehungsweise Schweigen sind nicht organisch, sondern emotional bedingt. (S)elektiver Mutismus ist daher keine primäre Störung der Sprachentwicklung. Er ist Ausdruck einer tiefer liegenden psychischen Ursache (Isensee et al., 1997). (S)elektiver Mutismus wird häufig im

Zusammenhang mit dem Eintritt in den Kindergarten oder der Einschulung beobachtet. Er tritt überwiegend im Zusammenhang mit der Konfrontation des Kindes mit einer fremden Situationen auf. Das durchschnittliche Alter bei beginnender Symptomatik wird bei Steinhausen und Juzi (1996) mit 4;2 Jahren angegeben. Schulmutismus zeigt sich in der Altersgruppe ab 5;5 Jahren (Katz-Bernstein, 2005). (S)elektiver Mutismus ist tendenziell bei Mädchen häufiger zu finden ist als bei Jungen. Das Genderverteilungsverhältnis liegt bei 1:1,6 (Steinhausen & Juzi, 1996).

Die Subsumption der Falldarstellung unter die wissenschaftlichen Merkmale des (s)elektiven Mutismus ergibt zweifelsohne das Vorliegen von (s)elektivem Mutismus bei Nicole. Das situative Schweigen hat mit der Einschulung von Nicole begonnen und ist auf das schulische Umfeld beschränkt. In anderen Kontexten wird Nicole als kommunikativ beschrieben. Mithin hat sie potentiell die Fähigkeiten zu verbaler Kommunikation, verweigert aber über einen längeren Zeitraum (vier Monate) den Sprachaustausch unter bestimmten Bedingungen (Schul-situation) mit spezifischen KommunikationspartnerInnen (LehrerIn). Sie ist damit von (s)elektivem Mutismus betroffen (Feldmann, Kopf & Kramer, 2019). Bei ihr liegen - vorbehaltlich einer fachärztlichen Abklärung - keinerlei organische Beeinträchtigungen vor, die ursächlich für das situative Schweigen sein könnten. Die Schulkonstellation ist eine für Nicole zuvor unbekannte Situation, in der sie mit Schweigen reagiert.

Inwieweit die Lebenssituation von Nicole mit ihrer Mutter - ein Vater wird nicht erwähnt und tritt auch in den Lehrer-Eltern-Gesprächen nicht in Erscheinung - zu ihrem Schulmutismus beiträgt, kann anhand der Falldarstellung nicht zweifelsfrei beurteilt werden.

2.1 Response to Intervention (RTI)

RTI steht für einen proaktiven Ansatz zur Identifizierung und Unterstützung von SchülerInnen mit Lern- oder Verhaltensproblemen. Mit ihm können SchülerInnen frühzeitig unterstützt werden, bevor sich Probleme vergrößern und manifestieren. RTI basiert auf einem mehr-stufigen Vorgehen, das im Fall Nicole wie folgt ablaufen könnte:

Zu Beginn der Maßnahme erfolgt ein universelles Screening, um potenzielle Risikofaktoren bei Nicole zu identifizieren. Indikatoren wie Nicoles Introversion, soziale Rückzugstendenzen sowie Schwierigkeiten im Unterricht könnten als Screening-Kriterien dienen. In dieser ersten Stufe nimmt die Schülerin weiterhin am regulären Unterricht teil.

Basierend auf den Screening-Ergebnissen würde eine Frühintervention implementiert, um Nicole zusätzlich im Rahmen einer individuellen oder Gruppeninterventionen mit dem Ziel zu unterstützen, ihre sozialen Fähigkeiten zu verbessern, ihr Selbstbewusstsein zu stärken und ihre Lernfähigkeiten zu fördern. Auch diese zweite Stufe erfolgt bei intensiverer Förderung im regulären Unterricht.

Wenn Nicole trotz der Frühintervention nicht die gewünschten Fortschritte macht, erfolgt im RTI-Modell eine Intensivierung der Unterstützung. In dieser dritten Stufe erhielte Nicole eine intensive Einzelfallförderung, die auch ausserhalb des Unterrichts erfolgte.

Durch frühzeitige Intervention und eine individuell angepasste Unterstützung könnte Nicole bei fortlaufender Überwachung ihrer Fortschritte darin unterstützt werden, sich positiv zu entwickeln und das Schulumfeld als positiv zu empfinden.

2.2 Vier-Ebenen-Modell

Mit dem Vier-Ebenen-Modell der Verhaltensentwicklung können die individuellen, zwischenmenschlichen, institutionellen und gesellschaftlichen Einflüsse auf das Verhalten eines Kindes betrachtet werden. Die verschiedenen Ebenen des Modells interagieren miteinander; Veränderungen auf einer Ebene können sich auf die anderen Ebenen auswirken. Daher ist es wichtig, bei Interventionen und Unterstützungsmaßnahmen alle Ebenen zu berücksichtigen.

Individuelle Ebene: Hier sind die persönlichen Eigenschaften und Verhaltensmerkmale von Nicole relevant, wie ihre Introversion und Schüchternheit. Das nächtliche Einnässen könnte ebenfalls eine individuelle Disposition sein, die mit Stress oder emotionalen Belastungen zusammenhängen könnte.

Zwischenmenschliche Ebene: Nicoles Mutter hat eine Generalisierte Angststörung, die sich auf das familiäre Umfeld auswirken könnte. Ihre Ängste könnten sich auf Nicole übertragen oder zusätzlichen Stress für sie bedeuten.

Institutionelle Ebene: Im schulischen Alltag zeigt Nicole eine eher passive Haltung. Es fällt auf, dass sie sich wenig am Unterricht beteiligt und Schwierigkeiten hat, neue Freundschaften zu knüpfen. Das Fehlen enger Bindungen und das Gefühl, in bestimmten Unterrichtsfächern nicht richtig wahrgenommen zu werden, könnten sich negativ auf ihr Selbstwertgefühl und ihr allgemeines Wohlbefinden auswirken.

Gesellschaftliche Ebene: Hier spielen die Interaktionen mit ihren Peers eine Rolle. Nicoles Schwierigkeiten, im Schulumfeld soziale Beziehungen aufzubauen, könnten sowohl Ursache als auch Folge ihres introvertierten Verhaltens sein. Ihr Wunsch nach einem Haustier könnte ein Hinweis darauf sein, dass sie selbst nach Möglichkeiten sozialer Integration sucht und einen Hund dafür als geeigneten „Türöffner" sieht.

2.3 Ist-Zustand

Vor Beginn der Intervention muss unter Berücksichtigung der in den vorangehenden Abschnitten beschriebenen Parametern auch der Soll-/Ist-Zustand definiert werden. Er beschreibt Ausgangspunkt (Ist) und Ziel (Soll) der Maßnahmen und bildet den Rahmen für die abschließende Evaluierung. Grundlage für die Erhebung des Soll-Ist-Zustandes können standardisierte Diagnostikverfahren und/oder auch Gesprächsvermerke mit verschiedenen Beteiligten (SchülerIn, Eltern, LehrerIn) bilden.

Der Ist-Zustand im Fall Nicole ist maßgeblich geprägt durch ihr situatives Schweigen in der Schule sowie ihr introvertiertes und schüchternes Verhalten. Ihr fällt es schwer, sich an die Schulumgebung zu gewöhnen. Nicole interagiert kaum mit ihren MitschülerInnen und hat bisher keine Freundschaften geschlossen und scheint in der Klassengemeinschaft isoliert. Ihr Selbstbewusstsein scheint beeinträchtigt. Die Generalisierte Angststörung der Mutter könnte Auswirkungen auf Nicoles Verhalten haben, wenngleich das Mutter-Kind-Verhältnis unterstützend zu sein scheint. Nicole wünscht sich einen Hund als Haustier, der für sie ein Aliud für nicht vorhandene menschliche Kontakte sein könnte.

Insgesamt scheint Nicole in der Schule zurückhaltend und introvertiert zu sein, was ihre schulischen Leistungen sowie ihr soziales Wohlbefinden beeinträchtigt. Es besteht die Notwendigkeit, die zugrunde liegenden Ursachen zu identifizieren und geeignete Unterstützungsmöglichkeiten zu entwickeln, um ihre Bedürfnisse zu adressieren und ihre Entwicklung zu fördern.

2.4 Soll-Zustand

Basierend auf dem Ist-Zustand und den identifizierten Risiko- und Schutzfaktoren könnte der Soll-Zustand, der bereits konkrete Ziele der Intervention beschreibt, für Nicole folgendermaßen definiert werden:

Nicole sollte eine erhöhte Selbstwahrnehmung und Selbstvertrauen entwickeln, um aktiver am Schulgeschehen teilnehmen und sich verbal einbringen zu können. Ferner sollte ihre soziale Integration verbessert werden. Nicole sollte in der Lage sein, positive soziale Interaktionen mit ihren KlassenkameradInnen aufzubauen und Freundschaften zu entwickeln. Sie sollte sich in der Schulumgebung wohl und akzeptiert fühlen. Dazu muss sie zunächst die neuen Umgangsformen, Kommunikationsrituale und Regeln des Schulumfelds kennen lernen, um ihren Platz in der neuen Gruppe zu finden. Die Beherrschung der sozialen Regeln, die in der nicht-verbalen und verbalen Sprache zum Ausdruck kommen, sichert dem Kind ab dem Schulalter einen attraktiven Platz in der gleichaltrigen Gruppe (Katz-Bernstein, 2005). Nicole sollte ferner angemessene Bewältigungsstrategien erlernen, um mit ihren Gefühlen, insbesondere mit Angst und Stress, umzugehen. Sie sollte in der Lage sein, ihre Emotionen zu erkennen und konstruktive Wege zu finden, damit umzugehen. Eine gesunde psychische Entwicklung sollte Nicole helfen, gesunde Beziehungen sowohl in der Schule als auch im sozialen Umfeld aufzubauen. Nicole sollte sich im Unterricht engagieren und aktiv teilnehmen können, ohne Angst vor negativen Reaktionen seitens SchülerInnen und LehrerInnen zu haben. Das Schulumfeld sollte sie ermutigen und unterstützen, ihre Interessen und Stärken zu entwickeln.

Um den Soll-Zustand zu erreichen, sollten Interventionen sowohl schulischer als auch außerschulischer Art auf verschiedenen Ebenen implementiert werden, die individuell auf Nicoles Bedürfnisse zugeschnitten sind. Dies kann Therapie, soziale Unterstützung, Schulberatung sein und sollte alle Akteure einbinden. Es ist wichtig, dass diese Interventionen ganzheitlich sind und darauf abzielen, Nicoles Wohlbefinden und Entwicklung umfassend zu fördern.

3. Diskussion der Präventions- und Interventionsmaßnahmen

Um Nicoles Entwicklung zu unterstützen und potenzielle Herausforderungen frühzeitig anzugehen, müssen geeignete Interventions- und Präventionsmaßnahmen implementiert werden. „Bislang existiert nur eine sehr begrenzte Anzahl von empirischen Interventionsstudien für selektiven Mutismus" (Schwenk, Mähler & Hasselhorn, 2023, S.125).

Bei der Prävention geht es laut Petermann (2013) darum, die Entstehung einer psychischen Störung bei Kindern zu verhüten, in dem man frühzeitig und bevor eine Störung manifest wird, interveniert. Hierbei lassen sich drei Ansatzpunkte unterscheiden: der kindzentrierte Ansatz versucht, beim Kind bekannte Risiko- und/oder Schutzfaktoren direkt zu beeinflussen, indem etwa die soziale Kompetenz erhöht oder die Impulsivität eines Kindes verringert wird. Der elternzentrierte Ansatz fokussiert auf die unmittelbare familiäre Umgebung eines Kindes. Hierbei werden die Interaktionskompetenzen der Eltern im Umgang mit ihren Kindern gestärkt, die Erziehungskompetenzen der Eltern werden verbessert. Der makrosystemische Ansatz nimmt die Institutionen in den Blick, in denen Kinder außerhalb ihrer Familien die meiste Zeit verbringen, vor allem Kindergarten, Schule und Hort. Alle Programme zielen auf eine Stärkung der kognitiven Verarbeitung sozialer Informationen und sozial-emotionaler Kompetenzen, die bei Kindern und Jugendlichen mit Verhaltensstörungen häufig defizitär ausgeprägt ist (Petermann, 2013).

3.1 Kooperation innerhalb der Schule

Die Schule ist im Fallbeispiel Nicole der zentrale Ort, an dem alle Akteure zusammenkommen und der zugleich Kristallisationspunkt für ihren (s)elektiven Mutismus ist. „Die Schule kann bei der Prävention, der Früherkennung und der frühen Intervention eine Schlüsselrolle spielen" (Schwenk et al., 2023, S. 8). Von den belastenden Auswirkungen des (s)elektiven Mutismus ist nicht nur Nicole, sondern das gesamte Schulumfeld einschliesslich des Klassenverbands betroffen (Schwenk et al., 2023). Nicht nur sollte über die bisher eingebundenen Lehrkräfte hinaus das gesamte Klassenkollegium sondern auch die ErzieherInnen über Nicoles aktuelle Situation aufgeklärt werden, um so eine allgemeine Bereitschaft zur individuellen Unterstützung des Kindes zu fördern und die Grundlage für einen kooperativen Ansatz zu legen. Alle müssen an einem Strang ziehen. Besonders wichtig ist es auch, ihre KlassenkameradInnen zu sensibilisieren und altersadäquat über die Problematik Schulmutismus aufzuklären. Hierbei müssen erneut alle Ebenen kooperativ zusammenwirken. Ebenso wichtig ist es, dass sich das Kollegium bei der Implementation der Interventionsmaßnahmen flexibel zeigt, um so optimal auf die Bedürfnisse von Nicole eingehen zu können. Konkret könnte anfangs versucht werden, unter Aufsicht der betreuenden Lehrkraft Nicole zur Mitarbeit in Kleingruppen zu ermuntern und diese schrittweise vom Kleinen (Kleingruppe) zum Großen (gesamte Klasse) auszudehnen. Auch die Sitzordnung kann zur Lösung des Problems beitragen, indem Nicole etwa ein geschützter Platz zugewiesen wird, etwa im hinteren Klassenbereich, damit sie dort weitgehend unbeobachtet Sprechversuche wagen kann (Schwenk et al., 2023). Für den Erfolg der zu ergreifenden Maßnahmen ist es ebenso wichtig, dass LehrerInnen und ErzieherInnen in einem regelmäßigen Kontakt stehen und sich im Sinne einer kontinuierlichen Evaluation über Nicoles Entwicklung und mögliche weitere Schritte austauschen.

3.2 Mögliche Kooperation mit außerschulischen Fachkräften

Eine Zusammenarbeit mit außerschulischen Fachkräften könnte dazu beitragen, Nicoles Bedürfnisse durch zusätzliche therapeutisch-medizinische Maßnahmen umfassend zu adressieren.

Die Beteiligung etwa eines Kinder- und JugendpsychologIn würde eine umfassenden psychologische Evaluation erlauben, die zu einem besseren Verständnis von Nicoles individuellen Bedürfnissen und Herausforderungen führte. Die mögliche Bereitstellung von therapeutischer Unterstützung könnte Nicole helfen, mit ihren Ängsten, sozialen Schwierigkeiten und anderen psychischen Belastungen umzugehen. Ihr Selbstvertrauen und

Selbstwertgefühl könnten durch psychotherapeutische Maßnahmen gestärkt werden. Ziel der psychotherapeutischen Behandlung bei Mutismus ist es, den Patienten in einer wohlwollenden Atmosphäre zum Sprechen zu bringen (Rogoll, Petzold & Ströhle, (2018). Während die kognitive Verhaltenstherapie auf kognitiv-behaviorale Aspekte fokussiert, wird in der kooperativen Mutismustherapie versucht, Bedingungen zu gestalten, die für die Identitätsentwicklung der betroffenen Kinder und der sie begleitenden Bezugspersonen hilfreich sind und die sprachliche, aber auch die non-verbale Handlungsfähigkeit der Kinder erweitern (Feldmann et al., 2019).

Mit Blick auf den von Nicole geäusserten Wunsch nach einem Hund könnte auch eine tiergestützte Therapie in Frage kommen. Die Arbeit von Nicole mit einem Therapiehund könnte helfen, Vertrauen aufzubauen und positive Interaktionen zu fördern, würde zweifelsohne aber ihrem Wohlbefinden dienen.

Die Zusammenarbeit mit außerschulischen Fachkräften würde nicht nur Nicoles schulisch-familiäres Unterstützungsteam erweitern, sondern könnte durch zusätzliche Maßnahmen einen ganzheitlichen Ansatz zur Förderung ihres Wohlbefindens und ihrer Entwicklung ermöglichen.

3.3 Elternzusammenarbeit

Mit Blick auf die systemische Dimension des (s)elektiven Mutismus muss neben den schulischen Akteuren auch das häuslich-familiäre Umfeld von Nicole in den Interventionsplan einbezogen werden. Die Eltern sollten als aktive Partner in den Unterstützungsprozess für Nicole einbezogen werden. Sie sollten den schulischen Interventionsplan mittragen und zu Hause aktiv unterstützen. Ihre Perspektiven und Erfahrungen im Hinblick auf Nicoles Bedürfnisse sollten Berücksichtigung finden.

Die Elterngespräche sollten regelmässig stattfinden. Ziele und Erwartungen müssen zuvor und eindeutig festgelegt sein, um eine effektive Kommunikation zu gewährleisten. Eine offene und transparente Kommunikation mit den Eltern sowie die Betonung der gemeinsamen Verantwortung von Eltern und LehrerInnen für den durch den (s)elektiven Mutismus gefährdeten Schulerfolg dienen der Motivation der Eltern. Manchen Eltern mutistischer Kinder fällt es schwer, Interventionsmaßnahmen durch eigene Mitarbeit zu unterstützen. Manche Eltern wiederum lassen sich durch unvermutete Fortschritte des Kindes zur Mitarbeit ermuntern (Katz-Bernstein, 2005).

Eine partnerschaftliche Zusammenarbeit mit den Eltern beziehungsweise der Mutter kann somit dazu beitragen, dass Nicole eine umfassende Unterstützung erfährt und erfolgreich in ihrer Entwicklung gefördert wird. Die aktive Einbindung der Eltern als Partner im Unterstützungsprozess ist entscheidend für den langfristigen Erfolg der Interventionen und der Förderung von Nicoles Wohlbefinden.

4. Möglichkeiten der Wirksamkeitsüberprüfung

Die Überprüfung der Wirksamkeit von Interventionen ist wesentlich, um sicherzustellen, dass die gewünschten Ergebnisse erzielt worden sind. Hierzu zählen eine regelmäßige Beobachtung von Nicoles Verhalten sowie ihrer Fortschritte im Schul- und Sozialumfeld. Das Sammeln von Daten über einen bestimmten Zeitraum hinweg kann helfen, Trends und Veränderungen in ihrem Verhalten zu identifizieren. Neben der Datendokumentation müssen Nicoles Fortschritte anhand vorher festgelegter Ziele und Meilensteine evaluiert werden. Zur Überprüfung, ob die angestrebten Verhaltensänderungen und sozialen Interaktionen erreicht wurden, dienen standardisierte Tests. Die Ergebnisse vor und nach der Intervention werden verglichen, um Veränderungen festzustellen. Mittels Langzeitbeobachtung kann überprüft werden, ob die erzielten Verbesserungen nachhaltig sind und sich über die Zeit stabilisieren.

Durch Rückmeldungen von Lehrkräften, SchulpsychologInnen und anderen Fachkräften, die mit Nicole arbeiten können wichtige Einblicke in Nicoles Fortschritte und Verhalten erlangt werden. Die Eltern sollten regelmässig zu ihren Wahrnehmungen bezüglich der Wirksamkeit der Interventionen befragt werden. Das Elternfeedback dient auch dazu, ihre Perspektiven und Erfahrungen in den Evaluierungsprozess einzubeziehen.

Durch die Kombination mehrerer dieser Überprüfungsmethoden können fundierte Schlussfolgerungen über die Wirksamkeit der Interventionen gezogen werden. Die kontinuierliche Überprüfung ist wichtig, um bei Bedarf Anpassungen an den Interventionsansatz vornehmen und sicherstellen zu können, dass er den sich ändernden Bedürfnissen von Nicole gerecht wird und zielfokussiert bleibt.

5. Kritische Reflexion

Die sowohl irritierenden wie auch das gesamte Umfeld belastenden Merkmale des (s)elektiven Mutismus stellen alle Beteiligten vor große Herausforderungen. Er beeinträchtigt die betroffenen Kinder nachhaltig und wirkt sich negativ auf Lebensqualität, soziale Beziehungen sowie den schulischen Erfolg aus (Schwenk et. al., 2023). Hieraus kann auch im Fall Nicole ein unmittelbarer Handlungsbedarf insbesondere für ihre LehrerInnen und ErzieherInnen abgeleitet werden. Sie dürften den schulischen Mutismus frühzeitig erkennen und mittels ihrer fachlichen Kompetenzen und Fähigkeiten schnell die erforderlichen Interventionsmaßnahmen einleiten können. Koordinierend dürfte dabei die

Person aus dem schulischen Umfeld sein, zu der Nicole das größte Vertrauensverhältnis aufgebaut hat. Wesentlich ist die Einbindung des gesamten Schulteams - im Fall Nicole sind nur zwei Lehrkräfte beteiligt - aber auch des häuslichen Umfelds. Entscheidend ist ein kontinuierlicher Austausch mit allen Beteiligten über Art und Umfang der Intervention, um im Bedarfsfall um- und nachsteuern zu können.

Im Fall von Nicole sollte noch einmal ihre Schulreife überprüft werden. Ihr Schulmutismus könnte auf eine zu frühe Einschulung zurückzuführen sein. Auch sollten die Eltern gebeten werden, mögliche organische Ursachen fachärztlich abklären zu lassen. Berücksichtigt werden müssten auch ein möglicher Migrationshintergrund - ist Deutsch die Muttersprache des Kindes - sowie Fluchterlebnisse, deren häufig traumatisierende Erfahrungen Mutismus auslösen können. Migration und die Anforderung, unterschiedliche Sprachen zu erlernen, können laut Katz-Bernstein (2005) Risikofaktoren in linguistischer und kultureller Hinsicht für die Störung darstellen. Grundsätzlich sind Umsicht und Fingerspitzengefühl gefordert, um nicht unbeabsichtigt interkulturelle Grenzen zu überschreiten oder übergriffig zu wirken. Die Lehrkraft muss sich bewusst sein, dass ihr Handeln tief in die Privatsphäre des Kindes und seiner Familie eingreift.

Der Erfolg schulischer Interventionsmaßnahmen hängt entscheidend auch von Klassengröße, Personalschlüssel und der Zahl von SchülerInnen mit zusätzlichem Betreuungsbedarf in einer Klasse ab. Je größer die Zahl der Betreuungsfälle in einer Klasse, je geringer die Zahl der fachpädagogisch ausgebildeten Lehrkräfte desto geringer die Erfolgsaussichten, dass Kinder wie Nicole optimal gefördert werden können.

Und letztlich muss auf Seiten der Lehrkraft stets professionelle Distanz gewahrt werden. Auch der zeitliche Aufwand sowie der Mittelansatz müssen verhältnismäßig bleiben; denn schließlich muss die Lehrkraft den Bedürfnissen aller ihr anvertrauten SchülerInnen gerecht werden. Andernfalls könnte rasch eine Überlastungssituation entstehen.

6. Literaturverzeichnis

Bahr, R. (2006). *Schweigende Kinder verstehen: Kommunikation und Bewältigung beim selektiven Mutismus.* Heidelberg: Universitätsverlag Winter.

Dilling, H., Mombour, W. & Schmidt, M.H. (1993). *Internationale Klassifikation psychischer Störungen.* ICD-10 Kapitel V (F). Bern: Huber.

Feldmann, D., Kopf, A. & Kramer, J. (2019). *Das Konzept der Kooperativen Mutismustherapie (KoMut): Eine systemisch-handlungsorientierte Therapie für Kinder mit Selektivem Mutismus,* 1 (26), 14-20. doi:10.2443/skv-s-2012-53020120103

Isensee, B., Haselbacher, A. & Ruoß, M. (1997). *Elektiver Mutismus: Ein Überblick zu Therapie und Praxis.* Zeitschrift für Kinder- und Jugendpsychiatrie und Psychotherapie, 25, 247-262.

Katz-Bernstein, N. (2005). *Selektiver Mutismus bei Kindern: Erscheinungsbilder, Diagnostik, Therapie.* München: Ernst Reinhardt.

Petermann, F. (2013). *Lehrbuch der Klinischen Kinderpsychologie.* Göttingen: Hogrefe.

Petermann, F. & Schmidt, Martin, H. (2006). *Ressourcen - ein Grundbegriff der Entwicklungspsychologie und Entwicklungspsychopathologie?,* 15 (2), 118-127. doi:10.1026/0942-5403.15.2.118

Rogoll, J., Petzold, M. & Ströhle, A. (2018). *Selektiver Mutismus,* 89, 591-602. doi:10.1007/s00115-018-0504-6

Saß, H., Wittchen. H.U. & Zaudig, M. 1996). *Diagnostisches und Statistisches Manual Psychischer Störungen.* DSM-IV. Göttingen: Hogrefe.

Schmidt-Traub, S. (2001). *Selbsthilfe bei Angst im Kindes- und Jugendalter: Ein Ratgeber für Kinder, Jugendliche, Eltern und Erzieher.* Göttingen: Hogrefe.

Schwenk, C., Mähler, C. & Hasselhorn, M. (2023). *Diagnostik und schulische Interventionsmaßnahmen bei psychischen Auffälligkeiten.* Göttingen: Hogrefe.

Steinhausen, H.-C. & Juzi, C. (1996). *Elective mutism: An analysis of 100 cases,* 35 (5), 606-14. doi:10.1097/00004583-199605000-00015

BEI GRIN MACHT SICH IHR WISSEN BEZAHLT

- Wir veröffentlichen Ihre Hausarbeit, Bachelor- und Masterarbeit

- Ihr eigenes eBook und Buch - weltweit in allen wichtigen Shops

- Verdienen Sie an jedem Verkauf

Jetzt bei www.GRIN.com hochladen und kostenlos publizieren